Modernismo e Música Brasileira

Elizabeth Travassos

Modernismo e Música Brasileira

Jorge Zahar Editor
Rio de Janeiro

2000
Direitos para esta edição contratados com:
Jorge Zahar Editor Ltda.
rua México 31 sobreloja
20031-144 Rio de Janeiro, RJ
tel.: (21) 240-0226 / fax: (21) 262-5123
e-mail: jze@zahar.com.br

Capa: Carol Sá e Sérgio Campante
Ilustração da capa: *Soirée de família* (presente o piano de Mário de Andrade), óleo sobre tela de Noêmia Mourão, sem data. Coleção de Artes Visuais do Instituto de Estudos Brasileiros – USP
Vinheta da coleção: ilustração de Debret

Composição eletrônica: TopTextos Edições Gráficas Ltda.
Impressão: Hamburg Donnelley Gráfica Editora

CIP-Brasil. Catalogação-na-fonte
Sindicato Nacional dos Editores de Livros, RJ.

Travassos, Elizabeth
T712m Modernismo e música brasileira / Elizabeth Travassos.
— Rio de Janeiro: Jorge Zahar Ed., 2000
: il.. — (Descobrindo o Brasil)

Inclui bibliografia
ISBN 85-7110-536-7

1. Modernismo (Arte) – Brasil – História. 2. Música – Brasil – História e crítica. 3. Semana de Arte Moderna (1922: São Paulo, SP). 4. Nacionalismo na música. I. Título. II. Série.

99-1620 CDD 981.05
CDU 981"1922"

Sumário

Créditos das ilustrações

1 a 3. Fotografia de Mário de Andrade, lembrete em sua biblioteca e confraternização de modernistas. Arquivo Mário de Andrade / Arquivo do Instituto de Estudos Brasileiros – USP.

4 e 5. Fotografia de Villa-Lobos e capa da partitura das Bachianas. Reproduções gentilmente autorizadas por Acervo do Museu Villa-Lobos e Academia Brasileira de Música.

6. Retrato de Mário de Andrade. Óleo sobre tela de Lasar Segall. Coleção de Artes Visuais do Instituto de Estudos Brasileiros – USP.

7. Fotografia de Villa-Lobos com material carnavalesco do bloco Sodade do Cordão. Reprodução gentilmente autorizada por Acervo do Instituto Villa-Lobos e Academia Brasileira de Música.

8. Charge de Raul Pederneiras. Arquivo Geral da Cidade do Rio de Janeiro.

Introdução

Duas linhas de força tensionam o entendimento da música no Brasil e projetam-se nos livros que contam sua história: a alternância entre reprodução dos modelos europeus e descoberta de um caminho próprio, de um lado, e a dicotomia entre erudito e popular, de outro. Como uma espécie de corrente subterrânea que alimenta a consciência dos artistas, críticos e ouvintes, as linhas de força vêm à tona, regularmente, pelo menos desde o século XIX. Mobilizadas por dinâmicas culturais mais amplas, de que a música é parte, ou fermentadas no campo musical, com energia para vazar sobre outros domínios da cultura, elas se manifestaram de maneira dramática em alguns momentos da história.

Tal foi o caso do romantismo, do modernismo e da vanguarda dodecafônica na segunda metade do século XX. As linhas de força estiveram presentes, igualmente, nos debates em torno da bossa-nova, do tropicalismo, da canção de protesto. Mais recentemente, emergem em torno de artistas como Egberto Gismonti e Hermeto Paschoal, que problematizam a separação entre erudito e popular, bem como na discussão desencadeada pela transformação da música caipira em sertanejo-country e pelas metamorfoses do samba. Em todos esses momentos, pesa ora o eixo dado pela polarização entre nacional e cosmopolita, ora aquele traçado entre as opções contraditórias de elitismo e populismo. Em alguns casos, tentou-se resolver as duas tensões simultaneamente, como ocorreu no modernismo: ali a cultura brasileira foi repensada em sua particularidade e em suas relações com outras culturas, ao mesmo tempo em que artistas oriundos das elites e da burguesia procuravam estabelecer um novo modo de relacionamento com as culturas do povo.

Este livro trata desse momento de reorientação cultural, focalizando a interseção entre modernismo e música. Para isso, é preciso falar do lugar que a música ocupou no debate modernista, das propostas de modernização musical do Brasil e do impacto que a vida musical popular teve sobre aquele debate. Os compêndios de história da música costumam lidar separadamente com música erudita, popular e folclórica, as quais acabaram por configurar especializações acadêmicas: a musicologia tende a tratar de música erudita; o folclore, a etnomusicologia, a literatura e as ciências sociais em geral ocupam-se das demais. A necessidade de olhar o campo musical como um todo tem gerado, recentemente, estudos que revertem a tendência a isolar objetos de análise conforme uma tipologia da música pré-estabelecida — tendência que contribuiu, à sua maneira, para manter as barreiras que o modernismo tentou vencer. Falar da interseção entre música e modernismo significa dedicar atenção especial a Mário de Andrade, que, embora trabalhasse como professor de estética e história da música num conservatório, não era criador musical, e sim poeta e escritor. No entanto, é ele quem sela a união entre os dois termos do título deste livro, como autor de uma vasta lista de títulos que inclui crítica, ensaios, estudos de folclore, poesia e ficção.

Este livro foi dividido em cinco partes. Na primeira, falo da fronteira entre música erudita e popular no início do século XX, época em que já existiam no Brasil instituições dedicadas ao cultivo da música erudita e um público de óperas e concertos, por precários que fossem em comparação com os similares europeus. A segunda apresenta a Semana de Arte Moderna e comenta o lugar da música e dos músicos — leia-se Villa-Lobos — neste acontecimento. A terceira trata do nacionalismo que desponta, nos anos 20, como principal proposta para a arte musical e detém-se nas idéias de Mário de Andrade. Nesta parte, a mais extensa, exponho os desafios do nacionalismo: lograr uma conversão profunda dos músicos e fazer coincidirem expressão individual e expressão nacional. Nas duas últimas partes, falo da busca da verdadeira música popular e da ambigüidade com que foi ouvida a música vinculada ao mercado, divulgada em discos e rádios que invadiam o cotidiano das populações urbanas, dos intelectuais modernistas inclusive.

Pequena digressão sobre pseudônimos

Nos capítulos dos livros de história da música brasileira, o compositor Francisco Mignone comparece como um dos realizadores da proposta de nacionalização artística idealizada com ardor combativo e seriedade intelectual por Mário de Andrade, seu contemporâneo no Conservatório Dramático-Musical de São Paulo, instituição na qual se formaram, em 1917, e na qual vieram a lecionar.

Filho de um imigrante italiano, na juventude Mignone tocava flauta em choros, serenatas e orquestras de cinema mudo. De sua familiaridade com ambientes da música popular paulistana do início do século e da necessidade de ganhar a vida nasceu o Chico Bororó, pseudônimo com o qual assinava maxixes, tangos e valsas que antecedem 1917, ano em que recebe o diploma e em que se inicia a relação de obras assinadas com o nome de batismo.

A necessidade de separar o compositor cuja produção se destina ao mundo da música de concerto do músico que trabalha para um mercado mais amplo, exercitando-se nos gêneros da moda, parece inexplicável no caso desse artista, que aderiu à idéia de nacionalização com base na música popular. "É que naquelas priscas eras do começo do século, escrever música popular era coisa defesa e desqualificante mesmo", explicou mais tarde. No entanto, Chico Bororó ainda teve sobrevida e voltou a aparecer, assinando o fox "Miami," em 1929. Mais ou menos na mesma época, porém no Rio de Janeiro, Heitor Villa-Lobos também convivia com chorões, também tocava em orquestras de teatros, cinemas e hotéis. Escreveu nessa época valsas, dobrados e polcas, sem atribuí-las a um alter-ego compositor. No entanto, o caso de Mignone não é excepcional.

César Guerra-Peixe, membro de uma geração posterior, também usou pseudônimos para assinar boleros, marchas, choros e sambas que produziu nos anos 1940, expurgados depois do catálogo de obras elaborado por ele mesmo num *curriculum vitae* de 1970: "O autor deixa de mencionar um sem número de composições de caráter popularesco — sambas, marchas, choros etc., muitas das quais gravadas em discos fonomecânicos e editadas — por achar que, evidentemente, não interessam em virtude do gênero." Discípulo declarado das idéias de Mário de Andrade e estudioso de folclore musical que deixou um livro sobre os maracatus de Recife e artigos sobre bandas de pífanos, caboclinhos e cantos dos ritos fúnebres populares, Guerra-Peixe sentiu-se no dever de proteger sua identidade de compositor de música séria.

Os pseudônimos são curiosos em autores que tentaram aproximar tradições populares e música artística, compondo com inspiração em congadas e maracatus, dobrados e cânticos de xangô. Ocultaram seus nomes quando faziam música que eles mesmos consideravam popularesca, comercial e transitória, cuja qualidade artística e técnica não os satisfazia. Ademais, ela poderia fechar-lhes as portas no meio restrito e exigente da música de concerto, com poder para desqualificar produções e produtores identificados como populares.

Enquanto isso, teatro de revista e casas noturnas, depois cinemas e empresas fonográficas, atraíam músicos com origens e trajetórias diversas. As empresas não queriam saber em qual escola seus contratados haviam estudado e não se importavam com os abalos que poderiam causar na reputação dos músicos que zelavam por uma identidade de compositor erudito. O setor de entretenimento urbano oferecia, aliás, possibilidades de profissionalização para indivíduos oriundos das camadas populares, cuja formação musical se passava fora dos conservatórios — nas rodas de choros, nas serestas de rua e bandas de música. Eventualmente, alcançavam a celebridade compondo, tocando e gravando, tal como aconteceu com Donga e com Pixinguinha: contemporâneos de Mignone e

Villa-Lobos, passaram à história (com seus nomes artísticos) como, respectivamente, autor do primeiro samba gravado e força motora da consolidação do choro — protagonistas, portanto, da música popular.

Luciano Gallet, outro músico nascido no final do século XIX, também completava seus ganhos como desenhista de arquitetura tocando piano em ambientes populares; num deles, teve como companheiro o violoncelista Villa-Lobos. Em 1910, apresentava-se num cinema no Largo do Rocio (atual Praça Tiradentes, no Rio de Janeiro) ao qual acorriam "mulheres da rua do Núncio, marinheiros, a mais linda esfera da sociedade", contava, com ironia. Nos anos seguintes, conheceu, ainda em suas palavras, "todo o *métier* da música, dentro de todas as modalidades. O cinema de outra espécie, a revista vagabunda, o café-concerto, os banquetes, casamentos, bailes, o bar, as estações de água, tudo o que é possível. Depois, as salas-de-espera dos cinemas." Só quando se tornou mais próximo da violinista Paulina d'Ambrósio e do compositor Glauco Velásquez "abriram-se as perspectivas da música mais séria". Gallet preparou-se então para estudar no Instituto Nacional de Música, de onde, mais tarde, se tornou professor. Como se vê, a ordenação hierárquica dos espaços públicos de prática musical era paralela à respeitabilidade social das respectivas platéias.

Diferentemente de Gallet, o pianista e compositor Ernesto Nazaré (1863-1934) permaneceu nas salas de cinema, ainda que exercesse seu ofício, nos anos 10, num estabelecimento freqüentado pela chamada boa sociedade: o Odeon, na Avenida Central (hoje Avenida Rio Branco). Autor de uma obra original, extensa e tributária tanto dos chorões e das danças urbanas cariocas quanto do gosto europeu, Nazaré parece ter alimentado o sonho de ocupar um lugar na música culta. Num gesto análogo à adoção de pseudônimo, ele chamou de opus 1 o Noturno composto quando a lista de suas peças publicadas ultrapassara a centena. Talvez quisesse inaugurar uma nova vida, deixando para trás os tangos, polcas e valsas que o tornaram famoso. Em 1922, Gallet tentou quebrar resistências do meio acadêmico promovendo um concerto no Instituto Nacional de Música. O programa, dedicado à literatura pianística brasileira, dava destaque a Nazaré, que interpretou, no prestigiado palco, suas próprias composições.

O encobrimento do nome ganha sentido neste cenário hierarquizado porque protege identidades e assegura certa autonomia criativa. No caso do criador musical, autonomia para exercer controle sobre o maior número possível de etapas e aspectos musicais — no limite, controlar a realização sonora da partitura, através da escolha dos intérpretes, e o modo de recepção da obra por parte dos ouvintes. As empresas de distribuição de música em larga escala, da era industrial, intervêm não apenas na difusão, mas no próprio processo de produção. Canções compostas por um indivíduo são entregues para harmonização ou arranjo por outros, diretores artísticos podem indicar os intérpretes, e as gravações em estúdio são conduzidas por técnicos cujo trabalho incide sobre a feição sonora última. A divisão do trabalho musical é ampliada nessa cadeia produtiva, ao passo que o compositor de música de concerto opera como um artesão que é senhor do resultado final, apresentado num documento escrito: a partitura. Por meio dele, solicita dos intérpretes fidelidade às suas intenções e, dos ouvintes, a audição concentrada que é regra nas salas de concerto.

Distintos quanto às linhas gerais do processo de produção e quanto ao valor artístico e cultural dos produtos que geram, esses mundos não estão divorciados. No início do século, músicos de diversas camadas sociais, origens étnicas, credos religiosos e, naturalmente, formações musicais cruzavam-se nas casas editoras de partituras, cinemas e teatros. Na casa do pai de Pixinguinha circulavam muitos chorões, Villa-Lobos inclusive. Além da rede heterogênea de profissionais acionada pelo setor de entretenimento, a movimentação boêmia das cidades permitia certa convivência entre intelectuais burgueses e artistas populares. Por suas posições nessas redes, alguns desempenharam o papel de mediadores que atravessaram fronteiras entre os ambientes culturais hierarquicamente ordenados das sociedades de classes.

Entretanto, as fronteiras da música erudita continuaram sendo vigiadas, e era preciso dispor de muito prestígio para desafiá-las publicamente. As carreiras de Mignone (1897-1986) e Villa-Lobos (1887-1959) prosseguiram com longas viagens à Europa, decisivas para sua produção posterior e para a acolhida definitiva nos palcos de concerto e nas instituições acadêmicas. Pixinguinha (Alfredo da Rocha Vianna, 1897-1966) e Donga (Ernesto Joaquim Maria dos Santos, 1888-1974) fizeram breves *tournées* no exterior — em Paris, com Os Batutas; em Buenos Aires, com a orquestra completa, Os Oito Batutas. Após essas viagens, que também tiveram importância no rumo de suas carreiras, retornaram à vida movimentada de shows, gravações e trabalho para as emissoras de rádio.

À exceção de Guerra-Peixe (1914-93), todos os músicos citados pertencem à geração que viu, de longe ou de perto, a agitação cultural da Semana de Arte Moderna. Villa-Lobos tornou-se o expoente do modernismo, na música, e está entre os mais famosos e festejados compositores brasileiros. Mário de Andrade (1893-1945) foi o principal teórico do movimento e manteve estreita colaboração com Gallet e Mignone. O modernismo procurou instituir um novo modo de relacionamento entre a alta cultura — dos letrados, academias, conservatórios, salões — e as culturas populares. As barreiras entre erudito e popular foram sacudidas tanto pela transformação dos bens culturais em mercadorias produzidas em larga escala quanto pela atuação dos artistas e pensadores da cultura. Mas não foram abolidas: todos os músicos de quem se falou pertencem à galeria dos compositores eruditos, à exceção de Pixinguinha e Donga, cujas biografias são contadas em textos especializados sobre música popular, e de Ernesto Nazaré, que permaneceu no limiar entre os dois mundos.

Villa-Lobos e os modernistas: um compositor na Semana de Arte Moderna

A Semana de Arte Moderna, realizada nos dias 13, 15 e 17 de fevereiro de 1922 no Teatro Municipal de São Paulo, passou à história da cultura no Brasil como evento que inaugura simbolicamente o modernismo. A Semana consistiu em concertos antecedidos de conferências e leituras de poesia e prosa, ambientados com a exposição de obras de artes plásticas no saguão do teatro. Organizada por um grupo de intelectuais e artistas paulistas e cariocas, contou com o apoio de Paulo Prado, rico fazendeiro e comerciante de café que atuava como mecenas em São Paulo, e com a disposição do escritor e acadêmico Graça Aranha, recém-chegado da Europa, para assumir a liderança do grupo. O prestígio social e cultural dos dois últimos assegurou a ocupação do mais nobre espaço artístico da cidade. O público presente ao Teatro reagiu, em alguns momentos, com vaias e zombaria, de certa forma esperadas e talvez até desejadas por alguns dos participantes.

É impossível falar de modernismo sem falar da Semana e de um acontecimento cultural anterior, gerador de polêmica jornalística: a exposição de pinturas, em 1917, da qual participava Anita Malfatti. Um artigo de Monteiro Lobato publicado em dezembro daquele ano no jornal *O Estado de S. Paulo* apontava defeitos nas obras da pintora, creditados à sua inclinação por tendências estilísticas contemporâneas que traduziam a degeneração psicológica e cultural das sociedades européias. Lobato atacava os "produtos do cansaço e do sadismo de todos os períodos de decadência", a mistificação de "escolas rebeldes" e suas "teorias efêmeras", vinculando Anita Malfatti ao panorama artístico europeu de rebelião antiacadêmica.

Oswald de Andrade (1890-1954) saiu em defesa da pintora no *Jornal do Commercio*, num artigo que apontava o atraso do meio artístico paulistano. A controvérsia preludia a Semana ao levar ao conhecimento de um público mais amplo, por meio da crítica jornalística, a nova maneira de codificar diferenças porventura percebidas na produção artística, que passam a ser interpretadas como sinais de modernização. A recepção não deixa dúvida do incômodo que certas produções podiam causar, mas as avaliações opostas de Lobato e de Oswald têm em comum estabelecerem a relação entre um traço das obras de Anita — a ausência de certas convenções de representação realista — e os movimentos que renovavam as artes na Europa.

O episódio catalisou artistas, poetas e jornalistas, a maioria deles jovens, em torno da idéia de celebrar o Centenário da Independência, cujos festejos oficiais estavam em preparação, colocando na cena cultural a polarização entre modernos — chamados genericamente de "futuristas" — e "passadistas". A Semana é marco também na historiografia da música, principalmente pela projeção que deu a Heitor Villa-Lobos e pelo impacto que teve em sua carreira.

Mais complicado que eleger uma data inaugural do modernismo é posicionar-se quanto aos seus limites. As divergências que superaram o consenso momentâneo entre os participantes da Semana, logo agrupados em círculos empunhando suas respectivas idéias em revistas mais ou menos efêmeras, tornam difícil delimitar até onde se manteve vivo o espírito do movimento. Os estudiosos situam o modernismo entre os anos de 1922 e 1945, período ao longo do qual se reconhecem geralmente duas fases.

A primeira foi marcada pela ênfase na atualização estética e na luta contra o "passadismo", representado grosso modo pelo romantismo, na música, e pelo parnasianismo, na poesia. Grandiloqüência, sentimentalismo e sujeição da música a intenções descritivas eram as principais críticas endereçadas pelos modernistas ao romantismo. Quanto à poesia, considerava-se que o parnasianismo castrava o poder inventivo dos poetas com o rigor das regras de metrificação e rima, aliadas a temas e vocabulário anacrônicos. Esta fase inicial, à qual convém o nome "movimento", invocava — ainda que nominalmente — tendências artísticas européias que podiam funcionar como modelos legitimadores das propostas locais. Foi o caso do "futurismo", vocábulo incorporado à linguagem dos artistas e do público, às vezes como simples antônimo de passadismo. O mentor do movimento homônimo italiano, Marinetti, publicara em 1909 seu primeiro manifesto, uma diatribe contra museus, bibliotecas e academias, templos da cultura esclerosada, sem sintonia com a vida moderna, traduzida na máquina e na velocidade. O lema "palavras em liberdade" tomava métrica, rima e encadeamento sintático como constrangimentos mutiladores. Quando Oswald de Andrade saudou os poemas da *Paulicéia desvairada* (antecipando-se à publicação) como obra de poeta futurista, Mário de Andrade preferiu desvencilhar-se do rótulo. Pois ainda que as circunstâncias o colocassem diante de vaias, nas escadarias do teatro, Mário era simultaneamente um pacato professor do conservatório e um estudioso voraz e disciplinado que viria a lutar pelo fortalecimento da inteligência no país.

Essa fase inicial caracteriza-se pela atitude combativa, demolidora, que se compraz com a rejeição da crítica e do público. A segunda fase enfatiza a preocupação com a realidade brasileira e introduz o tema da nação nos debates culturais e estéticos, gerando uma mudança de tom que fará com que, mais tarde, se fale de modernismo nacionalista. Já não se trata apenas de derrubar o velho com a iconoclastia característica do ethos vanguardista, mas de encontrar as bases para a edificação da arte apropriada aos novos tempos. A fase construtiva alterou o posicionamento com relação ao passado, transmutado numa tradição brasileira embrionária e desconhecida dos artistas.

A percepção do momento de construção seguindo-se à crise de ruptura não escapou aos participantes do movimento. Por exemplo, Prudente de Moraes, neto, no texto "Vida da estética e não estética da vida", rememorava as intenções dos criadores da revista *Estética*, cujo primeiro número saiu em 1924. Segundo conta, Renato Almeida, Sérgio Buarque de Hollanda e ele tinham em mente, no Rio de Janeiro, uma publicação que desse continuidade à revista *Klaxon*, que deixara de ser editada após nove números publicados entre 1922 e 1923. *Estética* representaria, contudo, o momento de construção do modernismo, capaz de criticá-lo de dentro. E Mário de Andrade, numa famosa conferência de 1942 sobre o movimento modernista, referia-se aos momentos consecutivos de destruição e construção. Mantinha-se fiel à necessidade de crítica da produção cultural e saudava as conquistas do movimento, resumidas no direito dos artistas à pesquisa estética, na atualização da inteligência artística e na estabilização de uma consciência criadora nacional. Para ele, o modernismo como estado de espírito dominante durou rápidos oito anos, até as revoluções políticas e a pacificação literária dos anos 1930. Outros observam que dessa época até o final da II Guerra o modernismo consolidou-se como parte integral do cânone artístico brasileiro.

A fase aguerrida encontrou um alvo ótimo nas óperas sobre temas brasileiros de Carlos Gomes, subitamente transformado de maior glória da música brasileira em emblema do passado. O índio que colocou em cena foi motivo particular de riso para os modernistas, empenhados em passar a limpo o nativismo romântico. "Ficamos nas óperas de Carlos Gomes, de um italianismo de realejo, que totalmente ignorou a inspiração social e folclórica da nossa etnografia", denunciou Paulo Prado em 1924 na *Revista do Brasil.* A avaliação sumária tornou-se moeda corrente nos anos 20, e em 1929 Mário de Andrade precisava recuperar Carlos Gomes da saraivada de ataques que sofrera. No *Compêndio de história da música*, um livro didático sobre o assunto, reafirmou a genialidade do músico e até enxergou mais sinais de caráter nacional em sua obra do que a mera cobertura dada pelos libretos de *O guarani* e *O escravo.*

Na Semana de 22, além do repertório musical programado, foi executada uma peça de Eric Satie, paródia à marcha fúnebre de Chopin. Ilustrava-se a crítica irreverente dos modernistas franceses ao romantismo. A peça é também, em sua simplificação deliberada, uma referência satírica à tradição de complexidade técnica que se exacerbara no piano oitocentista. O privilégio conferido ao repertório pianístico no Brasil era criticado por Mário como verdadeira "pianolatria", sintoma de uma cultura musical precária dos promotores e do público freqüentador de concertos. O mal do piano era tomar espaço das "manifestações mais elevadas da música", como a sinfonia e a música de câmara. Em 1922, levou às páginas do primeiro número de *Klaxon* sua posição em prol do cultivo genuíno da música erudita, prejudicado pelo culto de estrelas do palco em que se transformara o aplauso dos bons pianistas.

Mas as obras brasileiras apresentadas na Semana, de autoria de Villa-Lobos, não tinham agressividade dirigida expressamente contra a tradição e não foram ouvidas como manifestações de hostilidade direta à música feita até então. As referências a Stravinsky e ao desejo de ultrapassar Debussy, na conferência de abertura, mostram que Graça Aranha voltara da Europa a par das novidades musicais parisienses, mas não correspondem estritamente ao programa musical efetivamente ouvido no Teatro. A discussão jornalística entre

Menotti del Picchia e Oscar Guanabarino, logo depois da Semana, teve como gatilho os gracejos sobre Carlos Gomes e foi mais troca de insultos do que debate estético. Villa-Lobos saiu ileso da polêmica, aparecendo para as duas partes como talento promissor. Por isso mesmo, a historiografia da música tem muito mais a dizer, quando trata dessa época, sobre o nacionalismo do que sobre obras ou autores brasileiros que entraram em choque frontal com o *establishment* de concertos e conservatórios. Não obstante, este é o pano de fundo para vários artigos de Mário sobre a formação insuficiente do músico e as deficiências do gosto de um público apegado à ópera e ao virtuosismo.

Considera-se mesmo que o modernismo chegou à música, no Brasil, com sua força combativa amortecida. Apesar das descontinuidades técnicas e estilísticas percebidas na produção do início do século, é possível alinhá-la no eixo dos esforços nacionalizadores que têm início em meados do século XIX. As polêmicas mais acesas em torno da necessidade de atualizar-se na técnica e na concepção estética, rompendo, eventualmente, com o nacionalismo, tiveram lugar após a II Guerra, com a difusão tardia do dodecafonismo, método criado por Arnold Schoenberg (1874-1951) para estruturar a música sem recorrer à tonalidade.

Nas regiões periféricas à Europa ocidental — ideal de civilização e fonte de modelos culturais para as sociedades em sua órbita —, o modernismo tingiu-se de uma nostalgia das tradições que derivou em movimentos artísticos nacionalistas. Isso vale para o campo musical no Brasil, onde o problema da consolidação de uma música liberta dos modelos ditados pelas metrópoles culturais ganhou o passo sobre todos os demais, desde o século XIX. A evolução da música erudita no Brasil é vista, muitas vezes, como um processo de conquista de autonomia e de impregnação por elementos nacionalizadores, processo cujo avanço ora parece inelutável, ora é arduamente instigado pelos agentes da história. Personagens menos ligadas a este tipo de preocupação são encaradas como desvios ou exceções, a exemplo de Glauco Velásquez (1884-1914), mais interessado no estudo de Wagner e Debussy do que nas possibilidades de uma arte musical particularizadamente brasileira.

De certa forma, a consciência da diferença entre o peso das tradições artísticas na Europa e nas Américas esteve presente nos discursos com que os modernistas se apresentaram no Teatro Municipal. Nas declarações dos participantes da Semana, a tradição artística era, no Brasil, um adversário frágil. Graça Aranha, na abertura, dirigiu-se às forças do passado que o grupo ali reunido estava disposto a combater e destacou as vantagens de não termos sobre nós "a pérfida sombra do passado", idéia repetida por Menotti del Picchia. Num contexto reflexivo distante das tomadas de posição dos participantes da Semana, Antônio Candido lembrou que a relação de forças entre modernismo e tradição era forçosamente outra no Brasil, sobretudo quando a arte passava a embeber-se das novidades trazidas pela etnografia.

À luz da musicologia e da história da música, a produção das primeiras décadas do século XX testemunha o atraso brasileiro e o descompasso entre evolução musical e literária. A Semana parece musicalmente desatualizada com relação às ocorrências simultâneas nos círculos modernistas de Paris e Viena, nos quais se consumava a ruptura com o sistema tonal, dando lugar à politonalidade e ao dodecafonismo. As obras de Villa-Lobos que figuravam como seleção da produção moderna no Brasil aproximam-se, em muitos aspectos, do impressionismo, que, à mesma época, era combatido em Paris pelos modernistas do chamado Grupo dos Seis. Sob a égide do manifesto anti-wagneriano *Le coq et l'arlequin*, de Jean Cocteau, o grupo defendeu a simplicidade e a inspiração nas práticas populares do circo e da feira. Darius Milhaud (1892-1977), um dos componentes do grupo, viveu entre 1917 e 1918 no Rio de Janeiro e fez de Gallet e Villa-Lobos seus companheiros nos passeios musicais pela cidade.

Dos músicos participantes da Semana, apenas Villa-Lobos passou à posteridade como representante do modernismo. Os demais, como os pianistas Guiomar Novaes e Ernani Braga, foram convocados por sua reputação como intérpretes. Por isso mesmo, são nomes associados à tradição clássico-romântica e sobretudo ao século XIX, que elevou como nunca o status dos virtuoses. Seu vínculo com a tradição manifestou-se na reação de Guiomar Novaes, que protestou publicamente contra a inclusão de uma peça que, desrespeitando Chopin, exibia a intolerância estética que se generalizou na Semana.

O espaço privilegiado que Villa-Lobos teve nos programas da Semana como único compositor brasileiro convidado deve-se à posição que ocupava na cena musical. Seus contemporâneos moviam-se no terreno do romantismo tardio e talvez não estivessem dispostos, caso fossem chamados, a participar de um empreendimento no qual o risco de rejeição da crítica era alto. Às vésperas da Semana, Luciano Gallet (1893-1931) era professor no Instituto Nacional de Música e não compusera tanto quanto Villa-Lobos. Afora um maxixe intitulado "Caxinguelê", que Mário de Andrade considerou "profético", e um "Tango-batuque" para piano, suas obras inclinavam-se para o impressionismo de Debussy. Em 1924, Gallet começou a harmonizar canções populares — provavelmente instigado por Milhaud, com quem teve aulas no Rio de Janeiro —, trabalho ao qual seu futuro amigo Mário dará grande valor.

Mignone tinha estreado em concerto no Teatro Municipal de São Paulo, nos anos 10, com boa acolhida. Graças a isso, recebeu uma bolsa de estudos do governo paulista para estudar na Itália, em 1920, e de lá só retornaria definitivamente ao Brasil em 1929. A temporada italiana deixou marcas em sua música que não soaram bem para o crítico Mário de Andrade. Quando da estréia em São Paulo da ópera *L'innocente* (libreto em italiano de Arturo Rossato), em 1928, Mário assinalou a falta de libretistas capazes de elaborar "assuntos nacionais", e perguntava: "Mas que valor nacional tem *O inocente*? Absolutamente nenhum. ... Em música italiana, Francisco Mignone será mais um, numa escola brilhante, rica, numerosa, que ele não aumenta. Aqui ele será um valor imprescindível." Mignone foi sensibilizado por esta idéia e converteu-se ao nacionalismo musical.

Glauco Velásquez faleceu precocemente em 1914, Camargo Guarnieri (1907-93) era muito jovem e outros músicos da geração de Villa-Lobos, como Barroso Neto (1881-1941), eram respeitados como professores, mas não tinham projeção como compositores. Villa-Lobos, diferentemente, suscitara reações desfavoráveis da crítica, acusado de debussyano e de prolífico produtor de vulgaridades disformes, sem pé nem cabeça. Sua posição de artista independente, sem vínculos com instituições escolares, e a originalidade de sua música, rejeitada pelos porta-vozes da cultura musical acadêmica, conferiram-lhe o perfil moderno desejado pelos organizadores da Semana. É possível que seu nome também despontasse na ocasião em virtude do vácuo entre as gerações consagradas, de românticos ou pós-românticos, e os novos que ainda engatinhavam na composição. Segundo seu próprio depoimento, Villa-Lobos foi procurado por Graça Aranha e Ronald de Carvalho, que lhe expuseram os planos para o evento, aos quais aderiu prontamente.

A irrupção, na obra de Villa-Lobos, de uma linguagem musical do século XX na qual se encontram superposições politonais e atonalismo, polirritmias e experiências com novas combinações instrumentais, constitui quase um mistério para os musicólogos e historiadores. Como o pioneirismo agrega valor à obra artística e a seu autor, permitindo-lhe afirmar sua originalidade, a gênese do modernismo em Villa-Lobos se torna matéria controvertida, difícil de elucidar em meio a declarações do próprio, de seus promotores e dos historiadores. Os críticos europeus nos anos 20 enfatizavam sua independência face aos achados dos contemporâneos europeus, desconhecidos no Rio de Janeiro naquela época.

A influência de Debussy sobre a produção de Villa-Lobos nos anos 10 é reconhecida por musicólogos, que destacam também sua permeabilidade a elementos da música popular carioca, independentemente de qualquer preocupação explícita, nessa época, com a racionalização dos procedimentos a partir de um credo artístico nacionalista. Nesse sentido, a experiência com os modernistas e suas idéias, juntamente com a primeira viagem a Paris, em 1923, foi importante para que investisse na construção de uma música moderna cuja originalidade seria dada por sua própria intuição do Brasil. Não era, contudo, um teórico preocupado com a elaboração de uma doutrina, e seus biógrafos observaram que, nele, a criação dos mundos sonoros parece anteceder a elaboração dos meios técnicos.

Em um artigo de 1924 para a *América Brasileira*, Mário fez uma avaliação precoce da Semana e apontou o caráter disparatado dos eventos que congregaram artistas de perfis variados, entre eles Villa-Lobos. Pois em sua obra conviviam harmonias impressionistas e reação ao impressionismo "na constituição formal das peças, como na nitidez crua, incisiva dos temas". Apontava, portanto, para os sinais de primitivismo e energia telúrica que constituíam, no entender dos críticos europeus, os traços mais salientes da modernidade de Villa-Lobos, comparáveis aos de Stravinsky e freqüentemente atribuídos à origem do compositor nos trópicos, junto à natureza abundante e selvagem.

Os acontecimentos que se seguiram à Semana foram decisivos para a consagração internacional de Villa-Lobos, cujo eco era ouvido imediatamente no Brasil. Os brasileiros residentes em Paris quando da sua chegada (Sérgio Milliet, Tarsila do Amaral e Oswald de Andrade) incumbiam-se de disseminar, nas revistas e jornais brasileiros, os feitos daquele que já era aclamado como o maior compositor brasileiro vivo. Darius Milhaud apresentava-o ao público francês, na *Revue Musicale*, ao lado dos dois autores por cuja música se encantara, Marcelo Tupinambá e Ernesto Nazaré. A aclamação era motivo de orgulho e, às vezes, de alguma preocupação. Será que os brasileiros dependem da crítica européia até para reconhecer os gênios nativos? "Façamos nós mesmos nossas celebridades", conclamava Mário em 1928.

À exceção da primeira peça da série, o grande conjunto dos *Choros* foi escrito depois de 1922, repercutindo o contato de Villa-Lobos com os mecenas e expoentes intelectuais do modernismo. Todos foram agraciados com dedicatórias, procedimento costumeiro por meio do qual um compositor retribui as dádivas materiais dos que financiam sua atividade criativa ou as dádivas imateriais que concorrem para beneficiar sua reputação. A Paulo Prado, que garantiu a apresentação de Villa-Lobos na Semana, deixando-o livre para contratar intérpretes, foi dedicado o *Choros* nº 10. Os efeitos vocais do coro masculino repetindo sílabas das palavras pica-pau e pau-brasil, no *Choros* nº 3, de 1925, aludem à poesia Pau-Brasil, ainda mais conhecendo-se a dedicatória a Oswald de Andrade e sua mulher Tarsila do Amaral. A Carlos e Arnaldo

Guinle, que ajudaram Villa-Lobos em suas viagens à Europa, são dedicados os *Choros* nº 4 e nº 7, respectivamente. Compostos durante a estada na Europa, contêm ecos de músicas indígenas, reais ou imaginárias, citações e alusões indiretas às músicas das populações rurais e urbanas, em peças cuja fluência, espontaneidade e espírito improvisatório os analistas associam ao estilo de performance dos chorões. Estes elementos estão entrelaçados em procedimentos harmônicos característicos do século XX, como as dissonâncias e os ostinatos rítmicos, a ausência de desenvolvimento temático e a preferência pelos encadeamentos rapsódicos de motivos.

Dentre os promotores de Villa-Lobos na Europa estavam o pianista Artur Rubinstein e a cantora Vera Janacopoulos, que fez uma carreira internacional de sucesso entre 1914 e o final dos anos 1930, quando retornou ao Brasil. Os programas de seus concertos incluíam autores brasileiros, além de Igor Stravinsky, Sergei Prokofief e outros autores com quem mantinha relações pessoais. Sua coleção particular de partituras, que começa a ser examinada, traz à luz novos dados para a compreensão da carreira de Villa-Lobos. O início do relacionamento entre Villa-Lobos e Vera Janacopoulos data, provavelmente, de 1920, quando a cantora esteve no Brasil. Desde então, Vera estreava obras de Villa-Lobos nos palcos internacionais, como fez em 1921, interpretando três peças das *Miniaturas* num concerto em Paris. Uma descoberta reveladora é a cópia manuscrita dos *Pribaoutki*, de Stravinsky, do punho de Villa-Lobos, datada de 1920. O contato com a música do compositor russo antecede, então, a primeira viagem do brasileiro à Europa. É o que depreende Manuel Correa do Lago no artigo "A música do século XX no acervo Janacopoulos/Uni-Rio", que descreve a referida coleção. Nenhuma relação foi estabelecida ainda entre o convite de Graça Aranha e a reputação de Villa-Lobos junto a Vera Janacopoulos e seus amigos cariocas, nem a existência do manuscrito diminui o alcance das ousadias do compositor, embora permita rever as afirmações a respeito da invenção de técnicas composicionais por um modernista instintivo isolado nos remotos trópicos brasileiros.

Mário de Andrade, modernismo e nacionalismo

Com Villa-Lobos em pleno processo de consagração na Europa, ocupado com a elaboração dos *Choros*, e com Mário de Andrade assumindo o lugar de pensador e crítico da música no Brasil, o movimento derivou em modernismo nacionalista, que se firmou como a corrente estética hegemônica até meados dos anos 1940. A racionalização da estética nacionalista pode ser sintetizada em cinco proposições: 1) A música expressa a alma dos povos que a criam; 2) a imitação dos modelos europeus tolhe os compositores brasileiros formados nas escolas, forçados a uma expressão inautêntica; 3) sua emancipação será uma desalienação mediante a retomada do contato com a música verdadeiramente brasileira; 4) esta música nacional está em formação, no ambiente popular, e aí deve ser buscada; 5) elevada artisticamente pelo trabalho dos compositores cultos, estará pronta a figurar ao lado de outras no panorama internacional, levando sua contribuição singular ao patrimônio espiritual da humanidade.

Essas idéias de Mário foram expostas no *Ensaio sobre a música brasileira*, verdadeiro manifesto do modernismo nacionalista, inspirado na "lição" de Manuel de Falla, segundo quem a única maneira de fazer música universal era fazer música "regional".

A lógica de encadeamento das proposições foi naturalizada graças à permanência das representações sobre a música popular que ela mesma engendrou e sistematizou. Para pensá-las em sua novidade, convém lembrar que o início do período republicano no Brasil foi marcado por uma verdadeira obsessão pelo progresso e por uma modernização civilizatória cujo referencial era dado pela Europa ocidental. A mentalidade progressista e cosmopolita que se instalou entre as elites negava, como afirmou o historiador Nicolau Sevcenko, "todo e qualquer elemento de cultura popular que pudesse macular a imagem civilizada da sociedade dominante". Nesse clima pouco propício ao populismo, a proximidade das culturas populares nos centros urbanos mais prósperos foi vivida como promiscuidade. A saída purificadora era expulsar os pobres e portadores de heranças culturais tradicionais dos centros, como ocorreu nas intervenções urbanísticas na capital. Paralelamente, havia tentativas de erradicação de religiões afro-brasileiras e de controle policial das festas religiosas e carnavalescas. Isso ajuda a dimensionar quão escandaloso parecia o elogio de músicas identificadas como típicas de negros e mestiços. A face pública das culturas populares, exposta em espaços como os arredores da igreja da Penha, no Rio de Janeiro do início do século, envergonhava os setores culturalmente orientados para a Europa. Visto pelas lentes racialistas e evolucionistas, o Brasil precisava apagar a nódoa das raças inferiores e dos povos culturalmente atrasados instalados no território nacional.

A modernização concebida por artistas nos anos 20 remodelou a percepção negativa da particularidade brasileira, revendo também um momento anterior da história no qual se manifestara o anseio de libertação do jugo cultural europeu — o romantismo. A nacionalização musical projetada pelos modernistas retirava sua força da insatisfação com a incorporação epidérmica de células rítmicas, melodias ou fragmentos melódicos populares que davam colorido local mas não alteravam as formas de expressão. A citação vicejara entre compositores do século XIX e adentrava o século XX, sem afetar a estruturação da música conforme técnicas composicionais e formas consagradas, associadas por sua vez a agrupamentos instrumentais e vocais específicos. Deve-se observar que a ampliação do universo de timbres por meio do uso de instrumentos que não pertencem à orquestra sinfônica — alguns imediatamente evocadores da prática popular — ou da reunião inusitada de instrumentos convencionais teve lugar pioneiramente nas obras de Villa-Lobos: reco-reco, cuíca e caracaxá, por exemplo, estão no naipe de percussão de alguns dos *Choros*.

O período modernista não inventou o nacionalismo musical, que já tinha voga desde meados do século anterior, contando inclusive com defensores da aliança entre coleta de folclore e processamento artístico. Um deles foi Alberto Nepomuceno (1864-1920), que enfrentou dura oposição, na crítica jornalística, às peças que estreava no Rio de Janeiro no início do século. Notabilizou-se pela campanha em prol do canto em português — que ainda levantava objeções — e pôs mãos à obra numa série de canções sobre textos de poetas e escritores brasileiros. Em 1904, apresentou ao público carioca o Prelúdio da ópera *O garatuja*, nunca acabada, com versos adaptados por ele mesmo do romance homônimo de José de Alencar. No Prelúdio, serviu-se de uma música popular de sucesso na época, um maxixe que foi o gancho para a crítica severa de Oscar Guanabarino n'*O Paiz*. A citação dava à obra, segundo o crítico, um "tom chulo, baixo, ordinário, que por associação de idéias se liga à música, cujos fins devem ser mais elevados". Anos depois, quando de uma outra apresentação do Prelúdio no Instituto Nacional de Música, afirmou que a obra ficaria bem "num teatro maxixeiro ou num cinematógrafo". Guanabarino, como se vê, toma a dignidade social da fonte inspiradora como medida para estimar o valor da obra. Para ele, a dança de gente baixa conspurca irremediavelmente a música que se quer artística, por mais que a elaboração possa tentar transformá-la. O episódio, doloroso para Nepomuceno, ilustra a imagem da música popular produzida pela visão elitista de frações do mundo artístico carioca do início do século XX.

Autores como Nepomuceno, Alexandre Levy e Brasílio Itiberê da Cunha, nascidos em meados do século XIX e considerados precursores do nacionalismo, serviram-se da citação e dos títulos evocativos da cultura musical popular. A peça final da *Suíte brasileira* para orquestra, de Levy, chama-se "Samba". A *Série brasileira* de Nepomuceno cita a canção do "Sapo cururu" na primeira parte, e a última foi denominada "Batuque". *A sertaneja*, "fantasia característica" para piano, de Itiberê, foi anunciada em 1869 como obra representativa de um movimento de nacionalização e costuma ser referida como pioneira na citação de melodias da tradição oral, no caso o tema de dança "Balaio, meu bem, balaio", que aparece numa das seções. Nenhum desses desempenhou o papel de adversário declarado dos modernistas, que coube, como se viu, ao mais famoso músico brasileiro até então, Carlos Gomes.

Faltava a esses autores, do ponto de vista modernista, a intimidade com a música brasileira que tornaria a citação um procedimento superado. Os elementos nacionais não estariam mais visíveis (e audíveis) em melodias e células rítmicas, mas poderiam desaparecer, absorvidos no tecido das obras. As óperas com que Carlos Gomes granjeara aplauso na Itália eram bons exemplos do problema que os modernistas diagnosticavam: com a roupagem do melodrama italiano e da instrumentação sinfônica, vestiam-se libretos que falavam de um longínquo Brasil; as personagens do drama cantavam no estilo vocal do *belcanto*. Como resultado, Aídas feitas sob medida para Verdis, no dizer de Mário. Em outras palavras: exotismo, fascínio pelo remoto, sedução da diferença, compreensíveis num europeu como Darius Milhaud, mas um tiro pela culatra nos planos nacionalizadores, pois a meta ambiciosa do modernismo nacionalista era fazer com que os compositores falassem a língua musical do Brasil como quem fala sua língua materna. A citação está ao alcance de qualquer autor, e indepen-

1. Mário de Andrade em sua casa, foto de 1935(?).

2. Confraternização de modernistas, assinada entre outros por Manuel Bandeira, Mário de Andrade e Sergio Buarque de Hollanda, 1924.

3. Lembrete de Mário em sua casa junto aos livros.

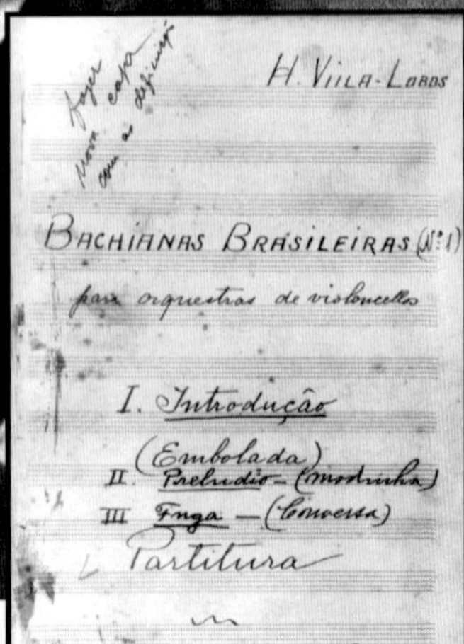

4. Villa-Lobos, 1923.
5. Capa da partitura original das *Bachianas*, 1930.

6. Retrato de Mário de Andrade. Óleo sobre tela de Lasar Segall, 1927.

7. Villa-Lobos em meio a máscaras e instrumentos do bloco carnavalesco Sodade do Cordão, 1940.

7. Uma geografia musical do Rio de Janeiro, nas *Scenas da vida carioca*, de Raul Pederneiras.

dente da nacionalidade; a produção de música nacional é prerrogativa dos artistas enquanto membros de uma comunidade nacional.

O desejo de alcançar uma identificação imediata e emocionalmente carregada com a música brasileira fez da nacionalização um desafio. Não seriam os cânticos de candomblé e as danças rurais exóticos para um músico formado nos conservatórios de São Paulo ou do Rio de Janeiro? Não seriam tão exóticos para este músico quanto para os egressos das instituições congêneres européias? Não seria exótico o canto dos índios Pareci, gravado por Roquette-Pinto e usado por Villa-Lobos no *Choros* nº 3? Por certo que sim, e a atração que essas sonoridades exerciam sobre os homens cultos era semelhante àquela que fez Milhaud encantar-se pelos maxixes cariocas. A fronteira que separa exotismo da incorporação profunda da música popular era difícil de traçar.

A intimidade com a cultura popular poderia ser traída também nas coletas de folclore — repositórios de inspiração para os artistas —, sobretudo quando deixaram de ser concebidas como tarefa diletante. Passos importantes na demanda por pesquisas criteriosas tinham sido dados por Amadeu Amaral, nos anos 1920, assustado com as freqüentes intervenções abusivas nos "documentos", alguns confessadamente produzidos pelo suposto recolhedor! Corrigiam-se os "erros" da linguagem popular, impunha-se a censura sobre textos ou simplesmente selecionavam-se aqueles que o pesquisador considerava mais bonitos ou melhores. Mário de Andrade reconhecia sua dívida para com Amadeu Amaral em matéria de folclore, embora separados em matéria de literatura pelo "espaço abismal de duas gerações contíguas", como expresso em crônica de 1939 que levava o nome do folclorista. Quando dirigiu o Departamento de Cultura de São Paulo, entre 1935 e 1938, deu continuidade aos planos de organização institucional do estudo da cultura popular. Criou então a Sociedade de Etnografia e Folclore, que tinha, entre os sócios fundadores, o compositor Camargo Guarnieri. Em 1938, o Departamento enviou ao Nordeste uma missão de pesquisas folclóricas. A coleta de música popular passaria do estágio rudimentar em que estava quando o folclore se tornasse uma ciência, como já ocorria em outros países. Mário nunca se considerou plenamente à altura dos requisitos de teoria e método que a nova ciência exigia, ainda mais porque tinha feito a maior parte de suas coletas numa viagem ao Nordeste em 1928-29. Lamentava os defeitos que enxergava no seu próprio trabalho, mas tinha confiança na validade dos resultados obtidos graças a um imenso entusiasmo pela música popular.

Mário foi quem mais seriamente se debruçou sobre o problema das fronteiras entre exotismo e nacionalismo, em textos que não faziam segredo de suas hesitações. Ao fazê-lo, elaborou uma visão de povo e nação no Brasil, que mencionarei adiante. Paralelamente, buscou apoio na noção de expressão, entendida como dinâmica própria aos atos de criação que partem da realidade interna ao indivíduo e dirigem-se ao mundo externo. O trabalho artístico calcado em cânones europeus transmitidos nas escolas gerava obras que contrariavam a expressão autêntica do músico brasileiro, no período moderno. Que o Padre José Maurício se expressasse musicalmente nos moldes do classicismo europeu era compreensível, pois na época em que viveu não havia propriamente um vernáculo musical. No século XX, porém, as linhas mestras deste vernáculo estavam em plena cristalização. Este era quase um mote do folclorista Mário de Andrade, ansioso diante da instabilidade das cantigas brasileiras, nenhuma multissecular como queriam os teóricos europeus de folclore musical. A música popular brasileira, caótica (ainda), tinha menos de um século de idade, e era com essa tradição modesta que os criadores deveriam lidar.

No tocante à prática criativa propriamente dita, Mário de Andrade exercitou sua proposta numa obra literária, *Macunaíma*, exemplar quanto ao processamento da cultura popular prezado pelo autor. A transposição de experimentos literários para a música não é automática, mas com esse livro Mário ia além da orientação do esteta que não se envolve diretamente com a produção. Nele, não é só o conteúdo da expressão que diz respeito à cultura popular; a própria forma está contaminada pelas formas de expressão populares, algo que o autor quis manifestar chamando o texto de rapsódia. A narrativa transpõe técnicas composicionais da música popular, como a agregação *ad hoc* de episódios e os processos de variação usados pelos cantadores. O rapsodo fala de dentro da tradição, usa a linguagem de seus personagens e não detém uma perspectiva externa, histórica, antropológica ou psicológica. Faz-se rapsodo para salvar do esquecimento os feitos do "herói" da tribo Tapanhuna e a memória de um mundo primitivo, encarnada nas maneiras de falar e de pensar, nas explicações míticas do cosmo, na confiança na magia e na sabedoria dos provérbios. Pode-se argumentar que *Macunaíma* tem sempre boa dose de exotismo, mas Mário não estava retratando índios ou primitivos das Américas, e sim a mentalidade primitiva que os brasileiros carregam, na medida em que recorrem à macumba e outras magias, que se conformam com a autoridade da tradição e com as situações dizendo "paciência...". Passando a limpo o bom selvagem do indianismo romântico, como no movimento antropofágico de Oswald de Andrade, desmascarava o modo de ser brasileiro — o modo dos indecisos, com um pé no Uraricoera, mas prontos a se jogar nos braços da Europa, como ressaltou Gilda de Mello e Souza em *O tupi e o alaúde*.

A insatisfação com o modo de se relacionar com a música popular que predominara entre os antecessores, aliada às reações anti-românticas que caracterizaram os movimentos modernistas, produziram algumas tônicas do discurso de ruptura com o romantismo. Dentre elas, a repulsa a tudo o que pudesse ser qualificado de sentimental. A reação, em Mário, não visava a abolir o tão decantado poder da música de mobilizar afetivamente os indivíduos e estava a serviço da afirmação de uma nova sensibilidade, propriamente moderna.

A tese da arte como expressão que, a partir do final do século XVIII, suplantou as teorias da arte como imitação da natureza e instrumento de edificação moral e religiosa vingou, facilmente na poesia e na música, menos comprometidas com a descrição ou mesmo impróprias à representação da realidade. Nelas, os signos sonoros operam de maneira peculiar. Os significantes — imagens sonoras ou gráficas — não remetem a referentes externos ao código, da mesma forma como ocorre nos signos verbais. O problema da produção de significado por meio de sons musicais é objeto de diversas teorias, e não falta quem advogue a pureza da linguagem musical, cuja "deficiência" referencial seria largamente compensada pela riqueza da absorção num código singular. Os enigmas da semântica musical eram um tema caro a Mário de Andrade. De seus estudos, concluiu que o destino da música não é descrever o mundo, em que pese às tentativas malogradas da "música descritiva" e às onomatopéias, que são ícones rudimentares. Sua singularidade reside no poder de exteriorizar a dinâmica psíquica daquilo que ele denominou, freqüentemente, comoções. Vê-se sua preocupação com o assunto em diversas obras que tratam de música, dentre elas uma inacabada *Introdução à estética musical*, recentemente publicada.

Engajando-se no debate que era travado desde o século XIX entre adeptos da expressão, da descrição e da música pura, Mário elaborou uma posição própria. Para ele, a música é a mais pura das artes porque dispensa por completo um assunto, ao mesmo tempo em que seu poder dinamogênico — de despertar reações corpóreas às sensações — é imenso. O sentido da música é intuído, resulta de uma compreensão sem conceitos, conforme afirmara o musicólogo francês Jules Combarieu. Essa força misteriosa fez dela um par obrigatório das religiões e levou os homens a racionalizar as dinamogenias, associando-as a afetos identificáveis. Em alguns casos, afetos coletivos, como o ethos que os teóricos da Grécia antiga reconheciam em cada um dos modos. Em outros casos, as dinamogenias converteram-se, numa cadeia de associações de idéias, em sentimentos individuais, graças ao que se chegou a acreditar na capacidade descritiva de uma linguagem eminentemente pura — ou, como diria o crítico Edouard Hanslick, lido e citado por Mário, que tem nela mesma o objeto de sua representação.

Purismo e descritivismo tinham seus representantes, na música ocidental, nos períodos clássico e romântico. O primeiro desenvolveu a música pura e atingiu uma culminância artística exemplar. No segundo, predominaram as tendências a fazer da música uma serva da literatura e de sentimentos individuais. As tendências falham na exploração das qualidades intrínsecas do som musical e neutralizam seu poder dinamogênico e coletivizador. Mas as músicas primitivas e populares, segundo Mário, não caem na armadilha intelectualista e individualista da descrição e expressão de afetos; lidam de outra forma com as poderosas dinamogenias musicais, dando-lhes funções mágico-religiosas, por exemplo, ao incorporá-las nos rituais e na vida propriamente social.

As descobertas da psicologia e da antropologia foram ferramentas com as quais os artistas e pensadores das artes aprofundaram a crítica ao romantismo musical. Algumas correntes modernistas e de vanguarda procuraram desvencilhar-se das normas acadêmicas enrijecidas, valorizando o instinto e a espontaneidade, como fizeram surrealistas e expressionistas. Acreditava-se que essas virtudes se manifestavam nas artes dos povos primitivos e orientais, como também na produção das crianças e dos loucos — em suma, entre aqueles cuja expressão não era policiada pelas convenções. Nas nações divididas entre uma pequena elite culta europeizada ou ocidentalizada e uma população pobre de camponeses, artesãos e trabalhadores, o veio primitivista encontrou no povo um equivalente dos primitivos. Esta realidade social internamente dividida impulsionou os movimentos de coleta de folclore nos países americanos, na Europa central e na do Leste.

A idéia de uma necessidade humana de expressão, geradora da música e das outras artes, desencadeia diversos problemas. A mera exteriorização das sensações não basta para dar origem ao objeto artístico, pois este só se constitui, de fato, quando elaborado dentro de um código partilhado que pertence ao reino da cultura. Não se pode atribuir a Mário de Andrade uma defesa simples do espontaneísmo — coisa que aliás muito o afligia, cioso que era do trabalho artesanal sobre a matéria, do conhecimento técnico das tradições, do estudo e da responsabilidade social do artista.

Outro problema, que repercutia diretamente no projeto de nacionalização artística, era resolver a dicotomia entre expressão como fenômeno que diz respeito à subjetividade do indivíduo e expressão como fenômeno que diz respeito aos membros de uma coletividade. A dicotomia era sentida por Gallet no momento de transportar as canções populares para sua própria obra. Desde 1924, quando publicou o primeiro álbum de canções populares harmonizadas — melodias e textos da tradição oral para os quais compunha acompanhamentos ao piano e outros instrumentos —, defrontou-se com as dificuldades de tratar artisticamente o folclore. Em 1927, confidenciou a Mário, por carta, que percebia incompatibilidade entre "música interior" e "música brasileira". Seu interlocutor era sensível ao problema, constatado no *Ensaio sobre a música brasileira*: "Ou o compositor faz música nacional e falsifica ou abandona a força expressiva que possui, ou aceita esta e abandona a característica nacional."

Uma das soluções imaginadas por Mário foi traçar uma homologia entre indivíduo e nação, ambos funcionando de maneira semelhante na produção de cultura e na criação artística. Liberto das convenções acadêmicas alienantes, o artista individual poderia exteriorizar seu mundo interno de comoções, devendo, em seguida, submeter a criação bruta ao trabalho artístico de poda e refinamento. O mesmo processo teria lugar no plano coletivo, com o "povo" ocupando o lugar das regiões psíquicas inconscientes nas quais tem origem a criação autenticamente expressiva. Em seguida, os artistas tomariam essa matéria-prima rude para transformá-la em obras de arte. Assim, a música brasileira, preparada na "inconsciência do povo", seria transportada para o nível artístico pelos compositores formados nas escolas, dotados das melhores técnicas e do sentimento de um dever histórico para com a cultura nacional.

Havia então que fazer coincidir subjetividade individual e cultura, ponto de fuga vislumbrado ao fim de um processo evolutivo da música e dos músicos brasileiros. De início, os compositores deveriam militar em prol da nacionalização mesmo sacrificando os impulsos expressivos. Isso significava, por exemplo, coletar cantigas populares e harmonizá-las, tarefa considerada humilde demais para criadores tomados pela ambição de originalidade. Assim, seria adquirido o gosto pela música popular e suas características. Finalmente, vencida a fase de nacionalismo, os artistas fariam música nacional *tout court*. Uma espécie de aculturação harmonizaria indivíduo e cultura, fazendo com que a expressão individual fosse, automaticamente, expressão nacional. Por isso mesmo, era preciso frear as tendências egoístas dos artistas que não levam em conta a realidade social e cultural que os cerca. Por isso também, era preciso ir além da citação e do enxerto de melodias populares brasileiras em obras estruturadas conforme as técnicas de harmonização, contraponto e orquestração européias. Em lugar de recortar itens isolados da tradição brasileira, era preciso um entendimento global dos processos criativos e regularidades estruturantes da música popular, como escalas, movimentação rítmica, arabescos, formas e combinações instrumentais.

Naturalmente, a música e a personalidade de Villa-Lobos tanto fascinaram quanto criaram impasses para o inventor desse programa complexo de nacionalização. Em primeiro lugar, Villa-Lobos não precisou cumprir um roteiro sistemático de coleta da música popular. As viagens que fez pelo Brasil afora, na juventude, eram um misto de trabalho e aventura. Aparentemente, o compositor não se deixava tolher pela crítica à autenticidade dos documentos etnográficos, servindo-se com desenvoltura do que lhe chegava aos ouvidos e à lembrança. Também não silenciou a difusão de histórias fantasiosas, em Paris, sobre sua captura por índios na selva brasileira. Cedia à tentação do exotismo que podia encantar os europeus, mas não tinha interesse para o Brasil. Este tipo de comportamento fazia Mário meditar sobre a vaidade do compositor (apesar de tudo, o maior que conhecia): "... ignorante até a miséria do que é criticamente o Brasil músico, a obra dele se tornou um repositório incomparavelmente rico dos fatos, das constâncias, das originalidades musicais do Brasil. Não tem quase coisa do nosso populário musical, de que a gente não vá encontrar exemplo na obra do Villa. Coisas que ele absolutamente ignora ...", dizia Mário numa carta a Prudente de Moraes, neto, em janeiro de 1933.

Exemplo da avaliação ambígua é dado no comentário das *Danças africanas* em seguida a um concerto paulista em 1929. Como os críticos europeus, Mário também escutava em sua música primitivismo e exuberância tropical, mas não podia atribuir tais impressões sonoras à nacionalidade de Villa-Lobos. Ao contrário, elas mostravam como o compositor sucumbia ao exotismo de "expressar em vez das constâncias nossas, o que dentro da terra americana era manifestação curiosa e moribunda". Se traduzem algo, é o temperamento mesmo do artista individual.

Além do mais, a responsabilidade social do artista implicava sacrifícios que Villa-Lobos não parecia estar disposto a fazer. Daí o contraste, percebido por Mário, entre o individualismo de Villa-Lobos e o desprendimento de Gallet. "Se o lema de Villa-Lobos é 'EU sou EU', o de Luciano Gallet é um dos mais delicados 'sejamos nós'." O primeiro era um gênio, de quem só poderiam surgir epígonos; o segundo, funcional, capaz de cultivar discípulos. Ao longo da década de 30, Mário esforçou-se por manter uma crítica musical imparcial, não deixando que a censura moral contaminasse a admiração pela música de Villa-Lobos.

Ao contrário de Mignone, Gallet ou Guarnieri, que aceitavam e procuravam a orientação de Mário, Villa-Lobos a dispensava. Curiosamente, Mário acreditava ter sido o responsável pelas *Cirandas*. Como reparava a resistência de Villa-Lobos ao uso direto do folclore, coisa que não julgava desmerecedora do artista na fase de militância nacionalista, escreveu-lhe uma carta provocadora elogiando um inexistente compositor chileno. O rival fictício compunha peças magistrais na forma A-B, a primeira seção aproveitando um tema popular, a segunda, de invenção livre. Alfinetava, assim, a vaidade de Villa-Lobos, para em seguida pedir-lhe que escrevesse peças de dificuldade média para seus alunos de piano. Meses depois, no Rio, Villa-Lobos o chamou para ouvir as *Cirandas*. O "bárbaro insulado" atendia, à sua revelia, a uma encomenda de Mário.

Folclore e cultura de massa

A busca do acervo popular deparava-se, ainda, com outro fator complicador: os critérios de autenticidade, que resultaram num posicionamento ambíguo com relação à música popular urbana. Nas palavras de Amadeu Amaral, convinha distinguir o cantador da roça do trovador da esquina, a cantiga rural, singela e anônima — vista como autêntica —, da cantiga urbana, falsamente instruída e com "pretensões à literatura".

A música ligada ao mercado cultural moderno era olhada com desconfiança e, eventualmente, excluída da classe das produções populares e nacionais. De um lado, havia a preocupação dos artistas com o que o filósofo alemão Walter Benjamin chamou de "perda da aura", decorrente da reprodução massificada. A demanda por música no setor de diversões urbanas e o surgimento de consumidores que não tinham acesso às salas de concerto e teatros de ópera, mas iam aos cinemas, teatros de revista e cafés, colocaram em xeque diversas crenças que fazem parte do ideário da música séria. De outro lado, a música popular das cidades mostrava-se mais vulnerável a influências internacionais que poderiam atrapalhar o processo de nacionalização. Além disso, nem toda a música popular parecia ser de criação estritamente popular; parte dela soava como versão facilitada da música culta: por exemplo, as canções calcadas em árias de ópera famosas, com textos de poetas locais. Outra parte soava como cópia da música folclórica: por exemplo, as toadas e poemas sertanejos de Catulo da Paixão Cearense, mal vistos pelos modernistas. Estes fenômenos desestabilizavam a divisão do universo cultural em dois níveis — o erudito e o popular.

A cultura popular concebida pelos modernistas não se confunde com o que veio a ser chamado cultura de massa. Nessa concepção, exalta-se a potência criativa do povo portador da semente da tradição brasileira, ao mesmo tempo em que se insinua a redução das classes populares à condição de consumidoras e reprodutoras de modismos importados. Essa concepção da cultura popular cindida entre rural-autêntico e urbano-massificado pode refletir, na sua vertente política conservadora, o temor diante das transformações sociais implicadas na modernização como processo social que integra amplos setores da população ao mercado e à participação política plena, reivindicando os benefícios da democratização. Assim como pode também aliar-se, em sua defesa da arte, à crítica aos destinos da cultura engolfada na mercantilização das produções humanas. A perspectiva "positivista" da música popular — aquela que mede a popularidade por meio de números de tiragens, *hit parades* e outros mecanismos de quantificação — é rejeitada pelos modernistas.

Portanto, a palavra "popular" impõe cuidados que saltam aos olhos na terminologia que mapeia o universo alheio à música das salas de concerto e conservatórios: fala-se de popular, mas também de popularesco, semiculto e popularizado. A existência de tais categorias não priva o observador das dificuldades classificatórias, evidenciadas, por exemplo, na avaliação da modinha por Mário de Andrade. Afinal, era a modinha, genericamente, música popular, ou apenas uma parte da produção modinheira poderia entrar nesta categoria? Com o nome de modinha, deparou-se com uma quantidade de canções de amor que apareciam em livros populares, em partituras para voz e piano, na tradição oral. Era, sem dúvida, um tipo de canção cuja popularidade alcançara diversos meios sociais. Mário reuniu num álbum, *Modinhas imperiais*, algumas dessas canções compostas nos tempos do Segundo Reinado. Nelas, já percebia certa heterogeneidade estilística resultante da presença simultânea de elementos populares e cultos, estes últimos soando às vezes pretensiosos. Como o caso exemplifica, quem tinha interesse na música popular deveria ser capaz de reconhecê-la em meio a uma vasta produção popularizada.

Mário não deixava escapar nada: estudava Ernesto Nazaré e Chiquinha Gonzaga, pregões de rua, maxixes e até o que denominou "dinamogenias políticas", palavras-de-ordem ritmadas recitadas em uníssono por manifestantes em comícios paulistanos. Não era, naturalmente, um folclorista ortodoxo que aplicava cegamente critérios de identificação do popular. Entretanto, ao anotar melodias que encontrava em livros, que os amigos e alunos lhe levavam ou que ele mesmo recolheu nas viagens de pesquisa, geralmente acrescentava observações sobre a validade dos documentos para o conhecimento do folclore. Quando a cantiga chegava a seu conhecimento por meio de pessoas cultas da cidade, procurava elucidar se a fonte original era de fato popular e se o processo de transmissão não impusera distorções. Como a linha divisória entre rural e urbano parecia-lhe artificial no Brasil, onde muitas cidades mantinham o estilo de vida e os costumes do campo, preferia desenvolver o senso de discriminação. O faro do folclorista permitia peneirar na música popular em geral os exemplos verdadeiros da tradição nacional. E peneirar na música das cidades coisas de valor, como os choros e a modinha.

A grande coleção de cantigas que Mário reuniu em sua viagem ao Nordeste realizada entre 1928 e 1929 foi submetida a um exame dessa natureza. Incomodava-o a heterogeneidade de origens — populares, cultas, semicultas — e estilos musicais em certas danças. No repertório musical do bailado natalino chamado pastoril, havia peças de procedências diversas, "umas nacionais, outras estranhas". Era um fenômeno cultural de "imposição erudita, de importação burguesa" e não chegava a ser popular. Nos reisados, nas cheganças de marujos e nos congos, outros bailados que estudou *in loco*, constatou a presença de elementos de cultura urbana e erudita, como fragmentos de árias. Praticamente todos eles eram encruzilhadas nas quais tinham sido depositadas várias tradições. Nem por isso eliminou-os do plano de *Na pancada do ganzá*, livro que sintetizaria todo seu conhecimento do folclore musical.

A reflexão sobre este tema orientou-se, ainda, por um componente do ideário nacionalista no Brasil: a busca do tipo étnico brasileiro, cuja salvação, para alguns, e danação, para outros, estava na mestiçagem. A discussão em torno da mestiçagem antecede o modernismo; já estava presente, no século XIX, na produção de intelectuais como Sílvio Romero, e prossegue no século XX com Graça Aranha, Gilberto Freyre,

Darcy Ribeiro e outros. No diagnóstico de Sílvio Romero, o Brasil tinha um Estado, mas carecia de uma Nação, que deveria ser construída. Para tal, era crucial estudar a realidade brasileira e definir a feição particular de seu povo. Mário também era de opinião que o Estado brasileiro, instituído com a Independência, nascera antes do surgimento de um povo brasileiro propriamente dito.

A angústia diante de uma entidade étnica ou racial indefinida foi atenuada pela convicção de que os chamados povos formadores — europeus, índios e negro-africanos — desapareceriam como entidades singulares e dariam origem a uma nova população. Paralelamente, suas culturas se diluiriam, dando lugar à cultura brasileira. Com isso, nascia um dos postulados estético-musicais de Mário: a necessidade de reforçar os traços *brasileiros* e precaver-se contra o exotismo interno representado pelas músicas africanas, européias e indígenas, sem mistura. Francisco Mignone, segundo sua avaliação, fora arrebatado por "negrismos" na composição de obras como o *Maracatu de Chico-Rei.* Lorenzo Fernandez, por temas ameríndios, no poema sinfônico *Imbapara.* A orientação caipira das obras de Camargo Guarnieri, enfim, era mais de seu agrado, como declara na crônica "Música nacional", de fevereiro de 1939.

Nesse contexto de discussão da música "autenticamente" brasileira, é preciso mencionar de novo *Macunaíma.* Os historiadores têm mostrado que o nacionalismo ganha sustentação em programas político-culturais homogeneizadores cujo propósito é criar laços afetivos entre homens separados por classe social, etnia, religião e língua. Para forjar uma identidade genérica, nacional, cultivam-se símbolos como uma língua oficial, uma bandeira, um patrimônio cultural. A idéia de uma música mestiça produzida por sucessivas fusões subjaz aos postulados estéticos de Mário. No *Macunaíma*, que deliberadamente embaralha elementos indígenas, europeus, afro-brasileiros, costumes e crenças de diversas regiões, o resultado final é desconcertante. O livro, nas palavras de José Miguel Wisnik, "assume uma modalidade indagativa que não fecha com o nível programático-apologético do nacionalismo" e acaba por desmentir o conteúdo homogeneizador desse programa. O estilo peculiar do nacionalismo de Mário — que oscila entre declarações arredias ao multiculturalismo, a carnavalização do *Macunaíma* e o olhar posto num horizonte humanista sem qualquer particularismo — ajuda a entender sua admiração pelos *Choros* de Villa-Lobos, que parecem ser, de fato, a contrapartida musical das sincronizações e sobreposições da rapsódia.

Fragmentos da paisagem sonora

Enquanto a música popular era idealizada como produto da nacionalização inconsciente, lentamente produzida nos cruzamentos musicais entre povos dotados de acervos culturais e perfis raciais distintos, vozes e sons concretos faziam-se ouvir na vida cotidiana dos intelectuais paulistanos e cariocas. O debate modernista é concomitante ao crescimento da indústria fonográfica, que arregimenta músicos oriundos de diversas partes do país, das rodas de choro e bandas de música, ranchos carnavalescos e templos das religiões afro-brasileiras. A imagem de uma ampla casa cujos cômodos não são acusticamente isolados foi usada por vários autores que falam do Rio de Janeiro nos tempos da Primeira República. Foi andando a esmo pelas ruas de São Paulo, no carnaval de 1931, que Mário de Andrade viu um grupo de negros dançando e cantando em frente a um bar. Esbarrou por acaso num tipo de samba bastante diferente do homônimo carioca, na forma, instrumentação e coreografia. Por serem os praticantes oriundos do interior do estado, chamou-o "samba rural".

Se era preciso vencer a preguiça para ir diretamente à "fonte" e recolher mais do que o "acaso faz entrar pelo ouvido da janela", como pregou no *Ensaio*, a audição atenta aos sons da cidade já trazia bastante informação para um músico disposto a contribuir para a nacionalização artística. Assim, há muitos ecos, dispersos nos textos dos modernistas, da paisagem musical urbana, que não pode ser completamente subtraída de seus escritos. Já se fez referência à prática de cantar modinhas, antigas ou novas, que cruzara as barreiras entre classes sociais, mesmo antes do advento dos poderosos meios de comunicação do século XX. Barreiras nacionais também não tiveram efeito na disseminação da prática modinheira, de que dá testemunho o número de músicos europeus radicados no Brasil que se dedicaram ao gênero, compondo música para versos de poetas brasileiros.

Ainda que não fosse considerada música popular, a ópera italiana também alcançara as camadas populares urbanas. Quando Mário retratou alegoricamente os trabalhadores de São Paulo — sublinhando a presença dos imigrantes italianos — no poema *As enfibraturas do Ipiranga*, eles cantam uma ária de Puccini. Como em outras partes do mundo, aliás, trechos de óperas tornavam-se amplamente conhecidos, da mesma forma como os números musicais e de dança das produções teatrais.

O *Ensaio* pode ser lido como documento fragmentado da paisagem sonora nas duas primeiras décadas do século XX. O texto abre com uma referência ao maxixe, que desencadeia a discussão técnica da rítmica brasileira. Como musicólogo atento às sutilezas da performance, comparou versões do *Pinião*, maior sucesso do carnaval de 1928: uma embolada nordestina na qual teve origem aquele maxixe, a partitura impressa, a interpretação em disco dos Turunas da Mauricéia (grupo integrado por Luperce Miranda, seus irmãos e o cantor Augusto Calheiros) e a interpretação dada pelo "povo". Os responsáveis pela notação gráfica transformavam a graça rítmica do maxixe em "quase uma chatice". O trecho é notável sob muitos aspectos, como a crítica detalhada do documento escrito, a identificação da fonte regional nordestina e, portanto, a consciência de sua penetração na dança urbana. Mas revela, ainda, que mesmo um ouvinte seletivo, ligado por seu ofício aos espaços da música culta, estava inevitavelmente exposto à música popular urbana. No mesmo texto, as referências acumulam-se — a Chiquinha Gonzaga, Ernesto Nazaré, aos *hits* como "Luar do sertão" e "Cabocla de Caxangá" (ambas de Catulo da Paixão Cearense e João Pernambuco), ao "Urubu" tocado por Pixinguinha e aos Oito Batutas.

Naquele ano de 1928, quando Mário publicou esse texto, um grupo de sambistas moradores do bairro do Estácio, no Rio de Janeiro, organizava o bloco Deixa Falar, que depois se transformou em escola de samba. Segundo um dos componentes, Alcebíades Barcelos (conhecido como Bide), a organização tinha como modelo um rancho do mesmo bairro que tinha licença para sair às ruas e não sofria intimidação policial. O nome, por sinal, era uma alusão à reputação de vadios dos sambistas. Com este e outros grupos, surgiu na cidade, no carnaval, um samba mais próximo das batucadas refugiadas em locais de diversão popular, diferente dos que chegavam aos discos até então. Nos anos 40, já não seria mais possível falar de música popular sem mencionar o samba carnavalesco carioca, como se vê na *Pequena história da música*, de Mário, revista para publicação em 1942. A versão antecessora praticamente não continha referência ao samba.

Mas música erudita e popular acabaram por se constituir como objetos de histórias separadas, tendência que vigorou até pouco tempo, quando começam a surgir incursões panorâmicas na totalidade do campo musical, como por exemplo o livro *O violão azul. Modernismo e música popular*, de 1998, de Santuza Cambraia Naves. O clássico *História da música brasileira*, de Renato Almeida, focaliza, numa extensa primeira parte, a música popular: como que pairando acima da história, fandangos e cantos de trabalho, xácaras e batuques flutuam estabilizados após sua emergência num ponto mais ou menos impreciso do período colonial. A segunda parte trata da música escrita, imersa numa história que lhe é própria, contada por meio da apresentação cronológica de autores e obras.

Epílogo

A década de 30 é lendária para a música popular. O samba instituiu-se como seu gênero por excelência, na consciência dos brasileiros. A partir de 1935, as escolas de samba integraram-se definitivamente aos festejos oficiais do carnaval carioca. As emissoras de rádio ampliavam seus programas musicais e contribuíam para o estrelato dos cantores, como Francisco Alves, Mário Reis, Orlando Silva. Estavam em plena atividade Noel Rosa, Ari Barroso, Lamartine Babo, entre outros. Ernesto Nazaré, que ainda produzia nos anos 20, morreu em 1933 num hospital para doentes mentais. Apesar de ter alimentado o desejo de ser conhecido, também, como autor de repertório pianístico para recitais, entrou para a história como o rei do tango. Gallet, seu admirador, também faleceu no início da década. Donga e Pixinguinha ainda viveram bastante — o suficiente para atravessar a chamada era do rádio, nos anos 40, e para ver surgirem a televisão, a bossa-nova, o iê-iê-iê e o complexo de repertórios denominado MPB, gestado nos festivais da canção nos anos 60.

Mário de Andrade e Villa-Lobos, com temperamentos opostos, foram atraídos, ambos, para a esfera da política cultural oficial, o primeiro inicialmente em São Paulo, o segundo no então Distrito Federal. Villa-Lobos deu início à campanha pela educação musical, que recebeu apoio do presidente Getúlio Vargas. Sua estratégia foi disseminar o canto coral nas escolas, mobilizando alunos e professores, estes últimos preparados num curso especializado destinado a multiplicar a idéia que unia educação musical e cívica. Com apoio do governo populista, Villa-Lobos criou e dirigiu a Superintendência de Educação Musical e Artística, depois Conservatório Nacional de Canto Orfeônico. As apresentações monumentais que promoveu, regendo dezenas de milhares de vozes, inscrevem-se nas grandes manifestações coletivas patrióticas que utilizaram a música como mecanismo integrador.

A experiência de Mário no Departamento de Cultura foi drasticamente interrompida pelos reveses políticos locais, em 1938, forçando-o a um exílio autoimposto no Rio de Janeiro. De volta a São Paulo, continuou colaborando em jornais, estudando e escrevendo. *O banquete*, a introdução à biografia de Shostakovich e *Café* constituem uma espécie de testamento cifrado que se aproxima ora da idéia de união entre vanguardas estética e política, ora do realismo socialista, no quadro de uma politização crescente que não anulava seu gosto pela reflexão estética. Mignone foi um de seus colaboradores constantes e o parceiro que escolheu para compor a música de *Café*, "concepção melodramática" de conteúdo socialista. A morte de Mário interrompeu a colaboração e Mignone não pôde levar a cabo, sozinho, a realização da obra.

Com isso, ausentou-se dos inflamados debates musicais do final dos anos 1940 o mais importante pensador da música no Brasil. O aparecimento do grupo Música Viva, liderado pelo professor e compositor alemão radicado no Brasil Hans Joachim Koellreutter, produziu uma fratura no bloco nacionalista fortalecido no modernismo. Koellreutter atraiu músicos jovens, estimulando o estudo do dodecafonismo. Em 1946, o grupo lançou um manifesto que continha, na forma de declaração de princípios, a síntese de suas propostas: pela renovação da música, contra a cristalização acadêmica, contra o formalismo e o esteticismo. Os princípios têm afinidade com o movimento de atualização estética nos anos 1920 e com a idéia de utilidade social da arte que Mário defendeu. O documento referia-se com dureza ao "falso nacionalismo" e alinhava-se com o humanismo universalista, no pano de fundo do pós-guerra e do horror aos desdobramentos bélicos e genocidas do nacionalismo. Os princípios não estavam totalmente divorciados, afinal, do ideário estético dos modernistas.

Membros do Música Viva que praticavam ou apenas estudavam a técnica dos doze sons começaram a afastar-se do grupo, na busca de uma música mais acessível ao público. Coube a Camargo Guarnieri, discípulo de Mário, reagir publicamente à existência do círculo renovador, em 1950, lançando contra ele e contra o dodecafonismo as acusações de cerebralismo, ameaça à integridade da cultura musical brasileira, degeneração cosmopolita e elitismo.

É impossível conter o desejo de imaginar como teria sido a participação de Mário de Andrade neste outro movimento que, numa dinâmica análoga à do modernismo, também foi da discussão estética à política. Mas as chamadas "polêmicas dodecafônicas", as conversões ou reconversões de compositores ao nacionalismo e tudo quanto se seguiu são outra história.

Cronologia

1887 Nascimento de Heitor Villa-Lobos, no Rio de Janeiro.

1893 Nascimento de Mário de Andrade, em São Paulo.

1913 Estréia do balé *A sagração da primavera*, com música de Stravinsky, em Paris.

1914-16 Heitor Villa-Lobos compõe *Três danças africanas (Farrapos, Kankukus e Kankikis)*, que serão apresentadas no programa da Semana de Arte Moderna.

1917 Exposição de pinturas da qual participa Anita Malfatti; estréia em Paris do balé *Parade*, colaboração de Jean Cocteau e Eric Satie; sucesso de *Pelo telefone*, "primeiro samba gravado".

1917-18 O compositor francês Darius Milhaud vive no Rio de Janeiro.

1918 Jean Cocteau publica *Le coq et l'arlequin*, notas a respeito de música que orientam o Grupo dos Seis.

1920 Francisco Mignone viaja para a Itália.

1921-29 Villa-Lobos compõe os *Choros*.

1922

fev Semana de Arte Moderna no Teatro Municipal de São Paulo.

mai Começa a circular a revista *Klaxon*; publicação de *Paulicéia desvairada*, livro de poesias de Mário de Andrade; temporada parisiense d'Os Batutas.

1923 Villa-Lobos viaja para Paris; estréia do balé *Les noces*, com música de Stravinsky, em Paris.

1924 Manifesto da poesia Pau-Brasil publicado no *Correio da Manhã* (SP); *Canções populares*, de Luciano Gallet.

1927 Segunda viagem de Villa-Lobos a Paris.

1928 Publicação de *Ensaio sobre a música brasileira* e *Macunaíma*, de Mário de Andrade, e do *Manifesto antropofágico*, de Oswald de Andrade.

1929 *Compêndio de história da música*, de Mário de Andrade; *Imbapara*, poema sinfônico de Lorenzo Fernandes sobre poesia de Basílio de Magalhães.

1930 *Modinhas imperiais*, "dedicadas ao seu ilustre e genial amigo, o maestro Heitor Villa-Lobos, por Mário de Andrade"; Villa-Lobos retorna ao Brasil.

1933 Bailado *Maracatu de Chico-Rei*, de Mignone.

Referências e fontes

p.11 A declaração de Mignone é citada pelo musicólogo Bruno Kiefer em *Mignone. Vida e obra* (Porto Alegre, Movimento, 1983, p.12).

p.11 O texto de Guerra-Peixe provém do *curriculum vitae* escrito pelo compositor em 1970, documento inédito citado por Antônio Guerreiro de Faria Jr. em *Guerra-Peixe: sua evolução estilística à luz das teses andradeanas.* Dissertação de mestrado apresentada ao PPGM/Uni-Rio, 1997, p.27.

p.13 Os trechos de Gallet são de uma carta de 1926 a Mário de Andrade, reproduzida no livro póstumo de Gallet, *Estudos de folclore* (Rio de Janeiro, Carlos Wehrs, 1924, p.11).

p.14 A informação sobre o Noturno inédito de Ernesto Nazaré e sobre o que representa chamá-lo opus 1 é fornecida por Marcello Verzoni em *Ernesto Nazareth e o tango brasileiro.* Dissertação de mestrado apresentada ao PPGM/Uni-Rio, 1996, p.17.

p.18 O artigo de Monteiro Lobato foi reproduzido em *Brasil: 1º tempo modernista – 1917/29. Documentação,* p.45, catálogo editado por Martha Rossetti Batista, Telê Porto Ancona Lopez e Yone Lima (São Paulo, Instituto de Estudos Brasileiros, 1972).

p.21 Eduardo Jardim de Moraes discute as duas fases do modernismo em *A brasilidade modernista. Sua dimensão filosófica* (Rio de Janeiro, Graal, 1978).

p.22 O texto de Prudente de Moraes, neto, constitui a apresentação da edição facsimilada da revista *Estética* (Rio de Janeiro, Gernasa, 1974). A conferência "O movimento modernista" foi publicada em *Aspectos da literatura brasileira* (Belo Horizonte, Vila Rica, 1991).

p.23 A crítica à pianolatria foi reproduzida em *Brasil – 1º tempo modernista. Documentação*, op. cit., p.306-7.

p.24 Os artigos de Menotti del Picchia, no *Correio Paulistano*, e de Oscar Guanabarino, no *Jornal do Commercio*, foram comentados por José Miguel Wisnik em *O coro dos contrários: a música em torno da Semana de 22* (São Paulo, Duas Cidades/Secretaria da Cultura, Ciência e Tecnologia, 1977, p.83-7).

p.25-6 As conferências de Graça Aranha, "A emoção estética na arte moderna", e de Menotti del Picchia, "A arte moderna", foram reproduzidas por Gilberto Mendonça Telles em *Vanguardas européias e modernismo brasileiro. Apresentação e crítica dos principais manifestos vanguardistas* (Petrópolis, Vozes, 1972, p.173-5). O ensaio de Antonio Candido, "Literatura e cultura de 1900 a 1945", foi publicado em *Literatura e sociedade. Estudos de teoria e história literária* (São Paulo, Nacional, 1980).

p.28 A crítica de Mário foi incluída na coletânea *Música, doce música* (São Paulo, L.G. Miranda, 1933, p.258-63).

p.30 A observação sobre a criação de mundos sonoros e a elaboração dos meios técnicos é de Marcel Beaufils, e foi retomada por José Maria Neves em *Música contemporânea brasileira* (São Paulo, Ricordi, 1981).

p.31 A reação à submissão brasileira aos juízos estéticos da crítica estrangeira está no artigo "Villa-Lobos", publicado em 12.1.1928 no *Diário Nacional* e reproduzido por Flávia Camargo Toni em *Mário de Andrade e Villa-Lobos* (São Paulo, Centro Cultural de São Paulo, 1985, p.88).

p.33 O artigo de Manuel Correa do Lago foi publicado em *Brasiliana*, 2, maio de 1999 (Rio de Janeiro, Academia Brasileira de Música).

p.34-5 A afirmação de Sevcenko provém de *Literatura como missão. Tensões sociais e criação cultural na Primeira República* (São Paulo, Brasiliense, 1983, p.30).

p.37 A crítica de Guanabarino é citada por Avelino Romero Simões Pereira em *Música, sociedade e política: Alberto Nepomuceno e a República musical do Rio de Janeiro (1864-1920).* Dissertação de mestrado apresentada no Instituto de Filosofia e Ciências Sociais da UFRJ, 1995, p.201-2.

p.47 O trecho da carta de Gallet está nos *Estudos de folclore* (op. cit., p.24) e a frase de Mário, no *Ensaio sobre a música brasileira* (São Paulo, Martins, 1972, p.39).

p.49 A carta de Mário a Prudente foi reproduzida no livro *Mário de Andrade e Villa-Lobos*, de Flávia Camargo Toni (op. cit., 1985, p.41-2).

p.50 Os trechos de Mário estão nas crônicas de 12.9 e 8.10.1929 no *Diário Nacional*, reproduzidas em *Brasil:*

1º tempo modernista – 1917/29. Documentação, op. cit., p.363 e 376.

p.57 O trecho de José Miguel Wisnik está no ensaio "Getúlio da Paixão Cearense", in *Música. O nacional e o popular na cultura brasileira* (São Paulo, Brasiliense, 1983).

p.58 A imagem da casa ampla é retomada por José Miguel Wisnik no ensaio acima citado e por Mônica Pimenta Velloso em *As tradições populares na belle époque carioca* (Rio de Janeiro, Funarte/Instituto Nacional do Folclore, 1988).

p.58 O samba rural paulista foi minuciosamente descrito e analisado no artigo com esse título publicado em 1937 na *Revista do Arquivo Municipal*, e depois em *Aspectos da música brasileira* (Belo Horizonte, Vila Rica, 1991).

p.60 Os dados sobre o bloco Deixa Falar constam da *História social da música popular*, de José Ramos Tinhorão (São Paulo, Editora 34, 1998), que reproduz trechos do depoimento de Bide.

p.63 Sobre a produção de Mário na sua volta a São Paulo, ver *O banquete* (São Paulo, Duas Cidades, 1989), *Café* (*Poesias completas* (Belo Horizonte, Itatiaia; São Paulo, Edusp, 1987, p.399-449) e "Chostacovich", in Victor Seroff, *Dmitri Shostakovich* (Rio de Janeiro, O Cruzeiro, 1945).

p.64 Sobre o grupo Música Viva e a "Carta aberta aos músicos e críticos do Brasil", de Guarnieri, ver José Maria Neves, *Música contemporânea brasileira* (São Paulo, Ricordi, 1981).

Sugestões de leitura

• Com relação à obra extensa e variada de Mário de Andrade, o melhor é conhecê-la tanto quanto possível. Para entender o modernismo nacionalista, é importante a leitura do *Ensaio sobre a música brasileira* (São Paulo, Martins, 1972), com proposições normativas e observações analíticas sobre a música popular, além de muitos exemplos musicais transcritos. *Macunaíma* dispensa recomendações, mas para apreciá-lo ainda mais é interessante ler *O tupi e o alaúde* (São Paulo, Duas Cidades, 1979), de Gilda de Mello e Souza, que analisa com erudição e clareza a estrutura da narrativa, enriquecendo a leitura da rapsódia. O Instituto de Estudos Brasileiros da Universidade de São Paulo (IEB-USP) é a instituição depositária da maior parte do legado documental do autor.

• Sobre a música na Semana de Arte Moderna, um título indispensável é *O coro dos contrários. A música em torno da Semana de 22* (São Paulo, Duas Cidades, 1977), de José Miguel Wisnik, que comenta os festivais da Semana sob o triplo ponto de vista do acontecimento, dos debates estéticos e das obras musicais apresentadas. Do mesmo autor, o ensaio "Getúlio da Paixão Cearense", in *Música. O nacional e o popular na cultura brasileira* (São Paulo, Brasiliense, 1983), revê com distanciamento crítico a conjugação nacional-popular na ideologia nacionalista e suas versões complexas elaboradas nos anos 20 e 30 por Mário de Andrade e Villa-Lobos.

• Em *Limites do moderno. O pensamento estético de Mário de Andrade* (Rio de Janeiro, Relume-Dumará, 1999), Eduardo Jardim de Moraes argumenta que a autonomia estética característica da modernidade encontra limites nas preocupações sociais e políticas de Mário de Andrade.

• Carlos Sandroni, em *Mário contra Macunaíma* (São Paulo, Vértice; Rio de Janeiro, IUPERJ, 1988), analisa a atuação de Mário à frente do Departamento de Cultura da cidade de São Paulo e o perfil deste órgão no contexto político paulista e brasileiro dos anos 30. Explora também as contradições entre o mentor de uma política cultural e o artista modernista.

• A quantidade e diversidade de materiais brasileiros e estrangeiros sobre Villa-Lobos pode ser apreciada no "Panorama da bibliografia villalobiana", preparado por Maria Cristina Bittencourt para a revista *Brasiliana*, 3 (Rio de Janeiro, Academia Brasileira de Música, 1999). No mesmo número, há uma discografia, de Marcelo Rodolfo. Sobre o conjunto dos *Choros* de Villa-Lobos, os leitores podem consultar *Villa-Lobos, o choro e os Choros* (São Paulo, Ricordi, 1977), de José Maria Neves.

- Sobre a música brasileira no século XX, o leitor dispõe de *O violão azul. Modernismo e música popular* (Rio de Janeiro, FGV, 1998), de Santuza Cambraia Naves, que discute o alcance das propostas modernistas na literatura, na música erudita e na música popular; *História social da música popular*, de José Ramos Tinhorão (São Paulo, Editora 34, 1998), com extensa pesquisa documental; e *Música contemporânea brasileira* (São Paulo, Ricordi, 1981), de José Maria Neves, que detalha a produção musical no país desde o modernismo.

Sobre a autora

Elizabeth Travassos obteve o doutorado em antropologia no Museu Nacional da Universidade Federal do Rio de Janeiro. Desde 1980 desenvolve estudos sobre músicas populares no Brasil. Publicou *Os mandarins milagrosos. Arte e etnografia em Mário de Andrade e Béla Bartók* (Rio de Janeiro, Jorge Zahar/Funarte, 1997). Leciona folclore e etnomusicologia no Instituto Villa-Lobos da Universidade do Rio de Janeiro (Uni-Rio).

Colecão Descobrindo o Brasil
direção: Celso Castro

VOLUMES PUBLICADOS:

A Proclamação da República
Celso Castro

A belle époque amazônica
Ana Maria Daou

Sambaqui: arqueologia do litoral brasileiro
Madu Gaspar

Escravidão e cidadania no Brasil monárquico
Hebe Maria Mattos

A Independência do Brasil
Iara Lis C. Souza

Modernismo e música brasileira
Elizabeth Travassos

Brasil de todos os santos
Ronaldo Vainfas e
Juliana Beatriz de Souza

PRÓXIMOS VOLUMES:

As esquerdas e a ditadura
Daniel Aarão Reis

O tráfico negreiro
Luís Felipe de Alencastro

O Império português e o Brasil
Janaína Amado e Luiz Carlos Figueiredo

O movimento operário na Primeira República
Cláudio Batalha

A educação e os intelectuais
Helena Bomeny

O Estado Novo
Maria Celina D'Araujo

Vida e morte da mata atlântic
José Augusto Drummond

Os índios antes do Brasil
Carlos Fausto

A política na República Velha
Marieta de Moraes Ferreira

Os industriais e a política
Maria Antonieta Leopoldi

O Brasil dos imigrantes
Lúcia Lippi Oliveira

O Brasil da Nova Era
José Guilherme Magnani

Do cruzado ao real: os pacotes econômicos da Nova República
José Carlos Miranda

Sistemas partidários, 1945-20
Rogério Schmitt

Símbolos e rituais da monarquia brasileira
Lilia Schwarcz

O país do futebol
Luís Henrique de Toledo

Além-mar: uma viagem pelo mundo que o português c
Hermano Vianna